AF497831

E.-A. MARTEL

I

Réflexions sur Altamira

L'âge des gravures et peintures des cavernes

II

L'oxydation des squelettes préhistoriques

III

Les dolmens taillés
du Caucase Occidental

Premier Congrès Préhistorique de France.
SESSION DE PÉRIGUEUX, 1905.

LE MANS
IMPRIMERIE MONNOYER
12, PLACE DES JACOBINS, 12
1906

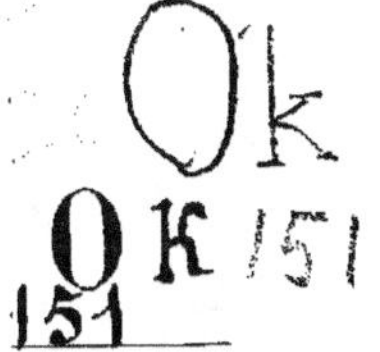

Réflexions sur Altamira.
L'âge des gravures et peintures des cavernes.

Il est bien hardi d'avoir posé cette question ; et je n'hésite pas à qualifier de prématurée toute réponse formelle qu'on chercherait à lui donner.

Sautuola, Chiron et Rivière. — Avec grande attention, j'ai suivi depuis dix ans tout ce qu'on a dit sur ce sujet. Les débats qu'il a suscités sont, au point de vue de la philosophie impartiale, un spectacle des plus étonnants, sinon toujours édifiant. Quand on ne s'y est point mêlé surtout, il a été vraiment distrayant de suivre avec tranquillité les divers actes de la pièce : la prime découverte de 1879, à Altamira, par le marquis de Sautuola, dont le nom doit demeurer le premier inscrit en tête du nouveau rébus archéologique ; — la contestation, si vive, qu'elle réussit à faire l'oubli, à enterrer la belle trouvaille, dépréciée par ceux qui n'avaient pas eu l'heur de l'effectuer ; — la description, en 1889, par M. Chiron, à Chabot (Ardèche), des manifestations de même ordre, qu'il avait reconnues dès 1878, puis la résurrection à la Mouthe, en 1895, par E. Rivière, en nom le troisième, mais en effort et en succès le premier, car c'est son inlassable persévérance, sa foi consciencieuse, et son ardent amour du nouveau, qui rendent la lumière au flambeau trop vite éteint ; — l'explosion d'analogues trouvailles, si nombreuses, si éclatantes, que les plus acharnés obscurantistes de 1880 jugent opportun de confesser l'erreur ; — et, comme pénitence contrite, le zèle qu'ils déploient ensuite pour contribuer au progrès et à l'extension du nouveau thème préhistorique.

O sphères sereines de la science pure et désintéressée, voilà bien de vos ironies ! Un quart de siècle de disputes aboutissent, au Congrès de Périgueux, à ce que les trois vrais auteurs du plus intéressant problème archéologique peut-être qui ait été posé, risquent de voir leurs noms évincés de leur vraie place, la première (1); je ne

---

(1) Ce risque s'est réalisé, en effet, dans le « Narrateur de Villefranche » du 28 septembre 1905, qui attribue la première révélation des gravures de grottes à M. Cartailhac ; — et dans la « Revue des Idées » du 15 novembre 1904 (p. 890), énonçant que les premières gravures préhistoriques de grottes ont été signalées en septembre 1901 par MM. le Dr Capitan et l'abbé Breuil. L'équité et la vérité exigent que l'on relève et réfute ces sortes d'inexactitudes.

répète pas ces noms rappelés ci-dessus ; mais je revendique leur inscription et leur maintien en tête de la liste de ceux qui discourront sur le sujet.

Conséquences de la découverte. — Dernier venu parmi ceux-ci, je ne compte pas sur un affable accueil, mon second mot, après ce qui précède, étant pour dire que la multiplication des trouvailles a fini, à l'heure présente, par jeter un vrai désarroi sur la préhistoire tout entière.

C'est ce que vont chercher à démontrer les pages suivantes, en faisant voir quelles sont, à mon sens, les conclusions trop hâtives déjà formulées, les erreurs d'interprétation commises, les éléments d'appréciation négligés, les moyens d'études délaissés, les réserves à formuler, les compléments de recherches à effectuer, et l'abstention générale à observer.

Je n'ai vu, je le dis tout de suite, que Font-de-Gaume (le 20 mai 1903, sous la conduite de M. Peyrony) et Altamira (le 24 avril 1905). Cela m'a suffi pour estimer que les gravures, graffiti, dessins, fresques, ont introduit dans la préhistoire une confusion de Tour de Babel.

Il importe de ne pas la prolonger ; et pour cela il convient de savoir qu'en dehors de la paléontologie et du climat, de l'ethnographie et de l'esthétique, l'hydrologie et la géologie des cavernes doivent être profondément et efficacement interrogées, si l'on veut qu'un jour — qu'encore je tiens pour éloigné — quelque clarté se lève sur l'obscure énigme exhumée de terre par Sautuola, Chiron et Rivière.

A Altamira surtout, j'ai été surpris de constater combien de détails utiles on a jusqu'ici faussés ou omis de voir. Et voici les réflexions que m'a inspirées la visite de la fameuse caverne, effectuée grâce à l'obligeance du maire de Santillana et en la docte société de M. Hermilio Alcalde, directeur de l'Ecole des Arts et Métiers de Torrelavaga. M. Alcalde, depuis plusieurs années, étudie et connaît à fond la caverne d'Altamira ; les moindres détails lui en sont familiers ; il y a guidé tous les spécialistes et je m'étonne de n'avoir vu son nom relaté dans aucune des récentes publications concernant Altamira. Cette autre justice rendue, entrons en matière.

Origine de la caverne. — MM. Cartailhac et l'abbé Breuil (1) n'ont point manqué de noter que tous les alentours d'Altamira sont accidentés de points d'infiltrations d'eaux et de creux *d'effondrements*, analogues aux *Dolines* du Karst. C'est contribuer, dans

(1) *L'Anthropologie*, t. XIII, 1902, p. 348-354 ; — t. XV, 1904, p. 625-644, etc. — C. R. Ac. Sciences, 22 juin 1903, etc.

une mesure tout à fait directe, à l'étude du problème de l'âge des peintures que d'insister avec quelque détail sur ces manifestations hydrologiques.

Ainsi que je l'ai développé et démontré, à propos de toutes mes explorations souterraines dans les plus divers pays de l'Europe entière (y compris le Caucase), il convient de ne pas attribuer à l'effondrement seul — c'est-à-dire à un accident produit de bas en haut, propagé de l'intérieur à l'extérieur — les entonnoirs ou dépressions, de formes variées, à propos desquels on s'est livré, en Autriche notamment, à tant de discussions ; je ne nie assurément pas que certaines de ces cuvettes soient le résultat d'affaissements de voûtes de cavernes ; mais il ne se passe point d'année où la suite de mes recherches n'accumule de nouvelles preuves de cette opinion que la plupart desdits creux sont bel et bien des phénomènes *d'ordre extérieur*, des cavités *d'affouillement*, approfondies de haut en bas par le tourbillonnement d'eaux englouties. J'ai trop développé ailleurs et partout cette considération pour y insister ici ; ceux, et ils restent nombreux, surtout parmi les ingénieurs et les archéologues, qui ne veulent point reconnaître encore la trop grande portée, accordée jusqu'à présent, à cette ancienne et tenace théorie des effondrements, finiront bien un jour ou l'autre par capituler forcément devant l'évidence et l'accumulation des faits ; la multiplication de ceux-ci ne manquera pas à la longue, j'en ai la tranquille certitude, de confirmer en tous points mes arguments et ma croyance à cet égard.

La grotte d'Altamira et ses abords y sont entièrement conformes.

Absorption d'un ancien lac. — La caverne elle-même, accidentellement découverte, on le sait, par un chasseur en 1868, n'est pas autre chose, en effet, que *le déversoir d'un ancien lac*, ayant jadis recouvert toute la contrée. A première vue, cette affirmation semble paradoxale, parce que l'orifice est *presque* au sommet d'un monticule qui domine au loin les environs (d'où le nom d'*Altamira*, haut belvédère). Mais j'ai fini par me rendre compte que nombre de bouches de grottes ou même d'avens, ainsi fort élevées, et d'origine en apparence peu explicable dans l'hypothèse de l'absorption de haut en bas (substituée à celle de l'affaissement de bas en haut), n'étaient pas autre chose que les témoins d'une hydrologie ancienne, beaucoup plus abondante que celle de nos jours ; ainsi l'aven de l'Egue, sur le Causse Noir (Aveyron), un des plus caractéristiques gouffres en *bouteille absorbante* que je connaisse, est au sommet d'une des bosses du Causse ; il en est de même de plusieurs gouffres des plateaux de Vaucluse, et du plateau de Canjuers (Var), etc., etc. Ces *engouffroirs*, actuellement surélevés, étaient jadis sur des rives ou sur des hauts fonds de lacs ; et ce sont souvent les mouvements tectoniques, les glissements du sol, qui en ont rompu, déchiré la crevasse primitive, dans la convexité étirée, trop tendue, des *anticlinaux*. Les eaux, qui (avant, pendant ou après la dislocation) recouvraient le sol, s'y sont infiltrées, dès qu'ils furent entr'ouverts ; et elles n'ont point tardé à les transformer en gueules d'abîmes et de cavernes. Comme exemple de ce processus passé, je citerai en Allemagne la König's Otto Höhle à Velburg (Bavière), en Irlande Mitchelstown-Cave (près Cashel), en Belgique la grotte d'Eprave (près de Han-sur-Lesse), en France, la grotte du Quéroy (à Pranzac, Charente), etc... ; comme beaucoup d'autres, que je pourrais nommer, ces cavernes s'ouvrent sur le flanc et près du sommet de buttes calcaires dominantes ; sous ces buttes se sont infiltrées jadis les eaux des lacs ou de larges courants maintenant taris ; les buttes mêmes ont pu être soit complètement submergées (la perte étant sous-lacustre), soit émergées en îles (la perte étant sur les rives). De toutes manières, la descente ou retraite des eaux, provoquée soit par le phénomène général de dessiccation, soit par l'approfondissement progressif de vallées drainantes des environs, soit par les mouvements locaux de surélévation du sol, abaissant le niveau de base desdites vallées (très probablement par les trois causes réunies), a vidé toutes les cavernes creusées sous les buttes ; celles-ci ont définitivement émergé et les cavernes, en quelque sorte demeurées suspendues en l'air, affirment ainsi l'antériorité de leur creusement à celui des vallées *modernes*.

De nos jours, dans des régions où les jeux combinés de la tectonique et de l'hydrologie n'ont pas poussé les choses au même point d'avancement, dans le Jura, le Karst, le Péloponèse, on trouve la confirmation formelle et visible de ce qui précède, parmi les nombreux lacs sans écoulement qui sont une des grandes curiosités physiques de ces régions ; il faudrait un long mémoire pour résumer là-dessus les beaux travaux de MM. Magnin (1), Fournier (2), Grund (3), etc..., et en tirer l'irréfutable démonstration de ce que j'avance ici. Comme unique et suffisant exemple, je citerai le lac de l'Abbaye (près Morez), très haut placé, à 879 mètres, qui ne se déverse plus en dehors de son bassin par le bas seuil que ses eaux ne peuvent plus franchir, mais qui se vide entièrement par un déversoir souterrain, véritable Ponor bosniaque ou Katavothre grec, percé sur sa rive nord ; le 24 juillet 1901 (avec MM. Magnin, Janet, Fournier, etc.), j'ai pu visiter ce puisard naturel (grâce à l'obligeance de M. Ch. Henry, qui avait bien

(1) *Végétation des eaux du Jura*, Paris, Klincksieck, 1904.
(2) *Mémoires Soc. Spélœologie*, nᵒˢ 21, 24, 27, 29, 33, 38, 40. — *Bull. des services de la carte géolog.*, nᵒ 89, etc.
(3) *Die Karst-Hydrographie*. Leipzig, 1903.

voulu suspendre à cet effet le travail de son usine, une scierie actionnée par la chute des eaux à l'entrée du gouffre) ; nous y avons trouvé, à 15 mètres en contre-bas de la surface du lac, 250 mètres de galeries basses et inondées, finalement obstruées par la boue et l'argile, pour nous du moins, mais pas pour l'eau qui va, par là, reparaître plusieurs kilomètres plus loin à la résurgence du Bief l'Enragé. Il est possible que d'autres pertes anciennes, ou du moins non constatées parce qu'invisibles, existent au fond ou sous les bords du lac de l'Abbaye. Tous les bassins fermés, sans exception, du Jura, et de la péninsule Balkanique (Karst, Dalmatie, Herzégovine, Bosnie, Macédoine, Grèce, etc...), présentent les mêmes dispositions, dont je me dispenserai de multiplier ici les exemples.

· Or, quand les causes (ci-dessus énumérées) de dessèchement de ces lacs les auront complètement vidés (et c'est, selon une récente communication de M. Sidéridès, un fait déjà accompli pour le grand lac Phonia du Péloponèse), leurs bassins à sec se montreront pourvus, tant au fond que sur les bords (à des hauteurs probablement diverses), de points de pertes anciennes, les uns en entonnoirs obstrués par les derniers dépôts ou matériaux entraînés ; les autres (en tant du moins qu'ils seront pénétrables, non bouchés) en orifices de cavernes plus ou moins vastes. C'est là une loi hydro-géologique formelle, qu'on pourra se plaire à contester tant que l'on voudra (faute d'avoir *vu et raisonné* tout ce qui la rend indiscutable), mais que toutes recherches ultérieures ne feront que confirmer de plus en plus.

Les Soplaos. — Or, Altamira n'y échappe point, à cette loi universelle ; et c'est par dizaines que, tout autour et au pied d'Altamira, j'ai pu constater la superposition, étagée presque du sommet des collines au fond de vastes dépressions closes, et l'existence de points d'absorption, dont les plus bas fonctionnent encore ; ceux-ci se nomment des *Soplaos* et on en voit plusieurs, en contre-bas et le long de la route qui va de Santillana-del-Mar au chemin de fer (*Fig.* 1) ; dans quelques-uns, M. Alcalde est entré et a reconnu quelques grottes généralement peu vastes, étant obstruées par des chutes de voûtes qui ont, çà et là (je répète que je ne le méconnais point) retenti en vrais effondrements à la surface du sol. Mais, pour les grands entonnoirs qui environnent immédiatement la colline d'Altamira, j'y vois surtout des affouillements d'origine extérieure, tout pareils à ceux qui précèdent tant de gouffres nettement absorbants et formés de haut en bas (comme la grande Kačna Jama du Karst, 305 mètres de profondeur totale, qui débute par un entonnoir de 40 mètres de creux ; le cône d'amenée d'eau de l'aven Armand, Lozère ; la cuvette cylindrique des cloups du Lot et de Canjuers, etc...).

Il est complètement évident qu'une grande étendue d'eau a recouvert jadis toute la région d'Altamira, s'est peu à peu absorbée dans les cavernes de ses rives, de ses îles et de ses bas ou hauts fonds, et, une fois disparue, a mis à jour l'écumoire qui l'a laissée

Fig. 1. — Soplaos près d'Altamira.

fuir et dont les plus bas trous seulement, les quelques soplaos subsistants, continuent à engouffrer les ruissellements après les précipitations atmosphériques.

Coupe d'Altamira. — La grotte d'Altamira est le plus haut, ou

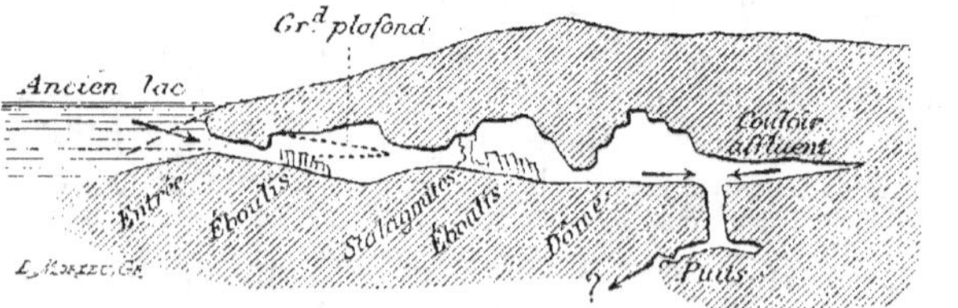

Fig. 2. — Coupe schématique d'Altamira.

Fig. 3.
Un profil.
Tête humaine.

du moins l'un des plus hauts de ces déversoirs de hautes rives de l'ancien lac ; et ce n'est pas seulement l'extérieur du pays tel que je viens de l'analyser qui nous en administre la preuve : l'intérieur même de la caverne est plus démonstratif encore.

La coupe ci-contre (*Fig.* 2), toute schématique (le temps m'a manqué pour un relevé topographique proprement dit), mais parfaitement exacte quant à la relation réciproque des faits que j'énonce, est, en effet, singulièrement suggestive. Il est impossible de rencontrer une disposition plus nette de caverne absorbante; dans la grande galerie avait lieu l'engouffrement principal, en couloirs subhorizontaux, parmi les joints de stratification du calcaire, descendant vers un puits vertical pratiqué dans quelque diaclase de recoupement des strates. Avant ce puits une grande salle montre un plafond creusé en dôme, avec les cercles concentriques qui caractérisent *dans toutes les cavernes* le tourbillonnement des eaux sous pression ; le sol également est affouillé en creux profonds; les plus frappantes traces de *l'érosion mécanique* sont inscrites partout, et ce n'est pas seulement par *corrosion chimique* et éboulements (selon la vieille théorie que j'ai fini par détruire) que la grotte d'Altamira s'est formée. L'absorption d'eau courante (rivière ou lac) qu'elle engloutissait est le principal facteur de sa genèse, surtout mécanique.

Au delà du puits une petite galerie, de plus en plus basse, et remontante, amenait, comme affluent souterrain du canal principal, des eaux soutirées par quelque autre perte de la surface, le tout convergeant vers le puits (1).

C'est l'universelle allure rencontrée dans tous les calcaires; le puits, profond de 10 mètres, a conduit M. Alcalde à un étage inférieur de petites galeries obstruées à brève distance ; leur rôle de drain général est aussi évident qu'on peut le souhaiter; et la similitude avec ce que l'on voit dans la caverne de Bagshaw en Derbyshire (Angleterre) est spécialement remarquable.

Age de la Grotte. — A quelle époque doit-on placer les phases successives de l'introduction des eaux dans les crevasses d'Altamira, de l'agrandissement de celles-ci, du creusement du gouffre, et enfin de la retraite des eaux et du dessèchement de la grotte. *Bref quel est l'âge de la caverne ?*

Il n'y a qu'un moyen de résoudre cette question d'ordre tout géologique : c'est d'étudier avec le plus grand soin les dépôts alluvionnaires en place, s'il y en a, de la caverne et de ses petites galeries inférieures, ainsi que des entonnoirs qui l'environnent; dans certains de ces entonnoirs il ne manque point d'amas argileux, terreux (dont plusieurs sont cultivés), qui sont certainement autre chose que les simples résidus de décalcification du calcaire local; dans quelles proportions sont-ils mélangés de graviers, sables, boues et limons pleistocènes ou même pliocènes? Une telle étude,

(1) Jusqu'au bout, cette galerie contient des *graffiti.*

on ne l'ignore pas, est d'une minutieuse délicatesse, mais permettrait seule de dire auquel des deux termes chronologiques, que je viens d'énoncer, il convient de la rapporter; je me garderai d'émettre à ce sujet aucun rudiment d'hypothèse.

Occupation d'Altamira. — Une seule chose est certaine, *a priori* si évidente, qu'il est presque oiseux de l'énoncer (1) : la caverne n'a été occupée par les auteurs des figures que bien après sa dessiccation complète. Il fallait que, depuis longtemps, elle eût perdu son rôle de drain souterrain, pour qu'on pût en graver, dessiner et peindre les parois.

Inaltération de la Grotte. — Bien plus, et c'est ce qui est particulièrement frappant à Altamira, la grotte (on l'a déjà noté) n'a subi, depuis qu'on l'a décorée, pour ainsi dire aucune modification naturelle; il n'y a point traces de remplissage ou obstruction comme à la Mouthe par exemple ; aucune fouille n'a été nécessaire pour remettre les gravures peintes à découvert ; les effondrements mêmes de la voûte sont limités ; on ne saurait d'ailleurs en tirer aucun argument, car ils sont aussi bien antérieurs que postérieurs aux décorations : l'un près de l'entrée est tout récent (de 1876, dit-on; et M. Cartailhac a pu faire constater que son *toit*, reposant maintenant sur le sol, était aussi couvert de peintures); l'autre *éboulis*, dans la grande galerie, avant le dôme de la salle du puits, au contraire, est antérieur aux dessins, car M. Alcalde m'a montré un graffite sur l'une des faces *verticales* de rupture *latérale* d'une strate détachée de la voûte; d'autres écroulements encore, fort anciens, quoique postérieurs aux dessins, ont concouru à l'obstruction de l'entrée.

Rareté des concrétions. — Les revêtements stalagmitiques ne sont pas abondants dans la grotte, sauf deux coulées ou cascades et deux assez beaux piliers; mais ceci encore ne peut servir de base à aucune conjecture, car j'ai montré (Congrès de l'A. F. A. S., Montauban, 1902), trop nettement pour y revenir ici (2), que les concrétions ne sont nullement, comme on l'a cru trop longtemps, un élément d'appréciation chronologique en matière de préhistoire ou de paléontologie souterraines : de très minces ou très petite stalagmites pourront être fort anciennes, tandis que d'autres extrêmement épaisses et hautes seront relativement jeunes, la formation de ces dépôts dépendant exclusivement de conditions locales, topographiques, climatériques, agricoles et lithologiques infiniment

---

(1) Je le fais cependant, parce que, selon M. Alcalde, on aurait émis l'absurde hypothèse que le puits aurait été *creusé par les troglodytes !*

(2) Je rappelle seulement que j'ai recueilli l'*Ursus spelœus* sur la terre même de la caverne à Miremont, — dans le sable dolomitique d'une grotte, à Montpellier-le-Vieux, — dans la terre jaune à Nabrigas, *sans aucune stalagmite par dessus.*

variées ; la concrétion calcique est un accident si capricieux qu'en général il n'apprend rien d'*absolu* (1).

Conservation des Peintures. Leurs causes. — La fraîcheur et l'éclat du coloris à Altamira sont tels qu'ils dépassent en conservation celle même de certaines peintures étrusques (Nécropole de Cornéto, par exemple), n'ayant pas 2.500 ans ; on a invoqué l'absence de courant d'air (par suite de l'obstruction de la grotte) pour expliquer la préservation des fresques d'Altamira ; mais il n'y avait pas de courant d'air non plus dans les tombeaux hermétiquement clos de Cornéto ; et dans les cavernes l'air passe partout aisément, par les fissures même capillaires de la roche ; jamais je n'en ai trouvé d'irrespirables voire à 2 ou 300 mètres sous terre (sauf dans les rares cas d'acide carbonique ou autres gaz toxiques) ; c'est plutôt l'absence d'humidité qui a si complètement sauvé les couleurs. Cette absence s'explique aisément, si l'on réfléchit que la caverne est presque au sommet d'un mamelon dominant, assez saillant pour faire ruisseler les pluies à son pourtour au lieu de les absorber par infiltration, comme dans le cas d'un mouvement de terrain en creux ; l'épaisseur de sol qui sépare les voûtes et la surface est faible ; la chaleur estivale y rayonne largement ; aussi la grotte n'est-elle pas froide ; la faible altitude, presque au niveau de la mer, et le doux climat du fond du Golfe de Gascogne évitent les neiges d'hiver et leurs infiltrations refroidissantes et incrustantes (c'est pourquoi les stalactites sont peu développées). Tout ceci, on le voit, ne peut rien apprendre, quant à l'ancienneté des peintures, si ce n'est qu'elles sont nécessairement postérieures aux derniers grands écoulements pléistocènes, soit glaciaires, soit simplement pluviaires, et que leur admirable conservation est plutôt une raison de les rajeunir que de les vieillir.

Empreintes de griffes d'ours. — Maintenant, interrogeons la faune recueillie ou représentée. Et tout d'abord j'ai une sérieuse réserve à faire sur les empreintes dites de griffes d'*Ursus spelœus*. Elles me sont singulièrement suspectes.

Sur les pentes où on me les a montrées, il est peu vraisemblable qu'elles aient subsisté depuis le pléistocène : celles qu'on voit dans la concrétion dure auraient certainement disparu rapidement après l'extinction de l'*Ursus* sous la continuation du dépôt de calcite (si faible fût-il) oblitérant l'incrustation ; l'enduit mi-calcique, mi-argileux où l'on indique d'autres empreintes, se fût, pour la même raison, solidifié depuis l'âge de l'*Ursus* ; cet enduit est moderne, comme toutes les imparfaites concrétions qu'on rencontre dans les parties des cavernes, où les suintements mélangent le silicate d'alu-

(1) En avril 1905, à la grotte de Teyjat, M. Bourrinet a trouvé des figures sur la concrétion stalagmitique.

mine et le carbonate de chaux (Mondmilch des Allemands, etc...) ; fût-il pléistocène, il est certain que le passage et le piétinement des générations de dessinateurs qui, postérieurement, ont fréquenté la caverne, eussent fatalement effacé les traces de griffes d'ours.

Je penche donc pour la fausseté de l'interprétation de ces empreintes d'*Ursus*; l'enquête doit être rouverte sur ce détail. Cela ne veut pas dire d'ailleurs que M. Vilanova n'ait pas retrouvé, à Altamira, comme on l'assure, des restes de l'*Ursus spelœus*, et que ce fauve n'ait été « le premier hôte de la grotte » (1). Il sera bon en tout cas de rechercher d'autres de ces ossements, avant d'affirmer que, par conséquent, la caverne était creusée antérieurement à l'âge de l'Ours (et du Mammouth, faune froide, humide, parallèle au moustérien) et que l'homme qui lui a succédé était bien pléistocène, c'est-à-dire paléolithique.

Absence d'espèces éteintes et émigrées. — Quant aux espèces représentées, on s'est parfaitement rendu compte qu'aucune n'est éteinte, ni même émigrée ; mais il me semble qu'on n'a pas suffisamment attaché d'importance à cette constatation tout à fait capitale, qui mérite de nous arrêter.

Mélange des faunes pleistocènes dans les autres grottes à gravures. — Un nouveau fait, déconcertant pour les classifications quant à présent admises, est la rencontre à Font-de-Gaume et aux Combarelles de félins et d'ours, et surtout d'un *Rhinoceros tichorhinus* gravé (Capitan, Breuil et Peyrony, C. R. A. Sc., 26 juin 1905). On croyait acquis que le Rhinocéros n'existait plus à l'époque du Renne; et l'on était parvenu à admettre la succession et les synchronismes suivants dans les temps pléistocènes :

Faune chaude (*Rhinoceros Merckii, Hippopotamus major, Elephas antiquus*), correspondant au Chelléen.

Faune froide humide (*Ursus, Felis, Hyœna Spelœi, Elephas primigenius, Rhinoceros tichorhinus*) répondant au Moustérien.

Faune froide sèche (Renne, chamois, bison), répondant au Magdalénien (avec intercalation, au début, du solutréen, et, ailleurs, de la faune des steppes).

Les deux premiers termes sont dits des espèces éteintes et le troisième des espèces émigrées.

Or, pourquoi les dessins d'Altamira ne nous montrent-ils aucune espèce émigrée (et *Marsoulas* aussi paraît-il) et rien que bisons, chevaux, biches, sangliers, chèvres, toutes espèces encore existantes aux mêmes latitudes (car nous allons voir ce qu'il faut penser du bison)?

Parce que, dit-on, le Renne ne pouvait pas descendre si bas, qu'on

____
(1) Cartailhac et Breuil (*loc. cit.*).

ne le connaît pas en France au sud du 43ᵉ degré de latitude et qu'il y est d'autant plus antique qu'il est plus méridional.

Alors, ici, un deuxième pourquoi, où l'on demeure sans réponse ! Elle me paraît aisée cependant : C'est la ramification gasconne du Gulf Stream, qui a réchauffé la côte de Santander et Santillana, et écarté le Renne. Seulement, il est admis que « la formation du Gulf-« Stream est un phénomène très moderne, et il n'y a pas lieu de « s'étonner si le climat actuel, qui en dépend à un très haut degré, « n'a pu s'établir qu'à l'aurore de l'époque néolithique » (1) ! Conséquence logique : une faune sans renne à la latitude des Pyrénées est une faune *actuelle, néolithique ;* et tel serait l'âge des peintures qui la figurent !!

Du coup, je me sens excommunié par les grands prêtres du Congrès. Peu m'importe ; je poursuis mon analyse et maintenant (qu'on me passe l'expression) sur le dos du bison.

Le Bison. — Certes il en est de fossiles ; mais on sait que toutes les transitions existent, et bien faibles, entre l'*Urus priscus* des cavernes et le *Bonasus* ou Aurochs d'Europe. Et surtout ce n'est même pas, comme le renne, une espèce émigrée ; c'est plutôt une espèce détruite, tout à fait notre contemporaine, anéantie par les chasseurs ; en Gaule et Germanie, il y a moins de deux mille ans, Pline décrivait et distinguait le Bison et l'Urus. Jules César les confond ; mais ses récits et ceux d'autres auteurs prouvent qu'il y a moins de vingt siècles le Bison habitait toute l'Europe centrale ; il y subsiste en 1905, confiné en quelques troupeaux, soigneusement préservés par les ordres de S. M. le Tzar lui-même, dans la forêt de Bielovicza près Grodno (Russie). En 1893, Radde dénombrait, au Caucase Occidental, les individus encore connus dans les vallées de la Chaché, de Khosta, de la Mzimta, etc..., aux rives de la Mer Noire. Dix ans plus tard, les guides tcherkesses de mon expédition en ces parages m'ont affirmé que les derniers Bisons avaient dû y être tués ; et, de fait, je n'ai pas pu en apercevoir un seul. Or le climat de cette région (l'ancienne Colchide) a la douceur de celui des côtes de Biscaye, des chamois, des chèvres, des chevaux, des sangliers, la faune même d'Altamira et la même latitude ! De plus, il est *très humide* (2 à 3 mètres de pluies par an) ! Où sont le froid sec et l'époque du Renne dans tout cela ; où est le Bison réellement *paléolithique* ? Qu'on cherche ses os sous les éboulis d'Altamira et alors seulement on pourra conclure (2). Quant à présent, la faune

____

(1) De Lapparent. — *Géologie,* 4ᵉ édit., p. 1639 ; 5ᵉ édit., p. 1727.
(2) A la fin de novembre 1905, M. le Pʳ Hughes m'a montré à Cambridge, dans les collections du nouveau Sedgwick Muséum de Géologie, un crâne d'*Urus Priscus,* où est encore enchassée la flèche *néolithique* qui avait causé la mort de l'animal.

figurée me fait opiner, provisoirement du moins, pour l'*âge probablement néolithique* ou *subnéolithique* des peintures d'Altamira.

Quant au Bison d'Amérique, il était innombrable encore en 1870.
Le massacre à outrance, d'une part, et le rejet vers des régions
froides du Nord, l'ont à peu près supprimé ; « il n'était pas fait pour
les grands froids » (1).

Age néolithique ou protonéolithique des peintures d'Altamira. —
Malgré la pénétration réciproque que les périodes ci-dessus rappelées
ont réalisée l'une envers l'autre, malgré l'existence ancienne de certaines espèces de Bisons moins frileuses, il apparaît donc bien que
cet animal n'est pas classable dans les faunes froides ; il ressort
nettement, ce me semble, que, subsistant il y a dix ans au Caucase
en une région assez tempérée pour que l'on cherche actuellement
à y créer une Côte d'Azur, le Bison, si dominateur, si prépondé-
rant aux figures d'Altamira, à l'exclusion absolue du renne, ne
permet pas qu'on lui donne l'âge d'une faune faite pour de plus
rudes températures.

Epoque bisonienne. — Et je me demande si l'époque élaphienne
de M. Piette ne pourrait pas s'appeler aussi (à Altamira du moins)
l'époque bisonienne, et se classer soit à l'aurore du néolithique, soit
tout au plus dans la transition *asylienne* du Magdalénien à la pierre
polie, à la place de ce fameux hiatus, dont l'existence n'est plus
admise. Ce serait revenir à la classification d'Ed. Lartet qui
mettait un *âge de l'aurochs après l'âge du renne.*

N'entrevoit-on pas déjà pourquoi j'ai osé insinuer, au début de
ces *réflexions*, que les dessins et peintures des cavernes étaient
devenus la Tour de Babel de la Préhistoire. Si l'on veut bien me
suivre encore, on constatera que beaucoup d'autres points de confusion se sont révélés sous ces gravures, et que la critique la plus
circonspecte doit être appliquée à leur discussion.

Résidus humains. — Passons à un autre élément d'appréciation ;
les résidus humains eux-mêmes.

Un criterium pourrait être fourni, comme cela a eu lieu pour la
Mouthe, la Grèze, etc..., par les restes d'occupation humaine de
l'entrée ; mais, jusqu'ici nous ne sommes, à ce sujet, que bien vague-
ment renseignés, par le « grand amoncellement d'esquilles et d'os
« cassés, pétris dans une cendre noire et grasse, avec de nombreux
« galets, des instruments de pierre taillée d'os ou de bois de cerf
« qui occupe l'entrée de la caverne » (2). — Attendons les indica-
tions que produira l'examen critique et détaillé de ces « déchets de
cuisine », et la poursuite de nouvelles fouilles méthodiques indis-
pensables.

(1) H. DE VARIGNY. — *La Nature*, 28 janvier 1905.
(2) CARTAILHAC et BREUIL. — *L'Anthropologie*, t. XV, 1904, n° 6.

Enfin quel enseignement pouvons-nous tirer des considérations esthétiques et ethnographiques ? C'est ici que l'hypothèse s'est vraiment donné trop libre cours. Serrons les choses de plus près.

Considérations esthétiques. — Selon M. Cartailhac, « c'est la « même période paléolithique que l'on fixe à Pair-non-Pair, à la « Mouthe, et à Altamira ; et la date est donnée par les figures « mêmes » (1).

C'est là surtout l'opinion que je veux réfuter, celle de l'unification chronologique des figures qui nous occupent.

Or, la Mouthe, Pair-non-Pair, la Grèze, étaient pleines de matériaux de *remplissage des cavernes.* Rivière et Daleau ont dû dépenser des efforts et des sommes considérables pour mettre leurs gravures à découvert. Altamira était vide, et les peintures à *nu* ; à la Mouthe, Rivière trouve trois couches humaines ; au Mas d'Azil, Piette déblaie quatre dépôts. Altamira n'a rien fourni de tel ! J'insiste pour que, quelle qu'en soit la cause, on examine sérieusement s'il n'y a pas là un élément de différenciation formelle, et qu'en tout cas on donne corps aux motifs de l'assimilation prétendue. On les a laissés vraiment trop vagues.

Selon M. Piette (2), la sculpture serait antérieure à la gravure et à la peinture ; ceci ne saurait être complètement admis encore. L'*Ursus spelæus, gravé* sur un petit galet et trouvé en 1867 à la grotte de Mussat (Ariège) par M. Garrigou, impliquerait le contraire. A Altamira, l'utilisation des saillies naturelles de la roche pour combiner la sculpture avec la peinture est patente ; mais nous venons de voir que les animaux représentés sont d'une faune plus récente que l'*Ursus.* Avant de formuler des conclusions générales, il conviendrait de bien reconnaître et bien discuter les applications locales ; c'est le tort universel des Préhistoriens de baser un principe sur une donnée particulière et de vouloir le rendre général.

On m'accordera bien que les communications à ces lointaines époques devaient être singulièrement difficiles ; et les rapports de tribu à tribu, de grotte à grotte, même à quelques myriamètres de distance, peu développés. Ce n'est qu'aux temps plus modernes, dits néolithiques, que, de Belgique au nord de la France, on croit avoir trouvé trace des premiers rapports commerciaux pour l'échange ou l'achat de la matière première par excellence, le silex. L'inanité de toute supposition relative à l'unification du développement intellectuel préhistorique sur d'assez vastes espaces peut facilement se démontrer par l'absurde, rien qu'en invoquant quelques exemples subsistant en notre xxe siècle : sans revenir aux

(1) *Le Périgord préhistorique*, Revue des Pyrénées, 3e trim., 1905.
(2) *Anthropologie*, t. XV, 1904, p. 129 ; et XVI, 1905, p. 1.

perpétuelles citations des arriérés aborigènes australiens (1), — de la pierre polie polynésienne, — des esquimaux groënlandais, voire des Peaux-Rouges américains, n'avons-nous pas dans notre seule Europe des types singulièrement convaincants de la différenciation qui peut subsister, à une même époque et dans un espace fort limité, dans les mœurs de groupes ethniques des plus voisins : autour du défilé de Dariel au Caucase, sur la frontière d'Asie, des Khevsoures portent encore des cotes de mailles, des casques, des boucliers et des armes du moyen âge, tout près des canons perfectionnés de Tiflis ; les Lapons de Tromsoë sont, en été, journellement visités maintenant par les bandes de touristes Cook, pour la curiosité desquels ils réunissent leurs troupeaux de rennes et leurs usages tarandiens !

Dans le royaume de Léon, aux environs d'Astorga, les Batuecos et les Jurdes végètent toujours dans la montagne, ne se risquant que timidement aux jours de marchés des villes voisines ; — en pleines Pyrénées françaises, l'originale vallée de Bethmale garde les us et coutumes d'époques qui ne prévoyaient certes point l'automobile ni le chemin de fer !

Absence de synchronisme. — Aussi je conteste formellement le droit de prétendre que telle époque, c'est-à-dire telle manière de s'abriter, se vêtir, s'alimenter, chasser, sculpter ou peindre, a régné de façon contemporaine, soit d'un bout à l'autre des Pyrénées, soit d'Altamira aux Eyzies. Je ne crois pas à de tels synchronismes. Et j'affirme que, sous l'influence d'une activité naturelle et d'une intelligence plus ou moins vives, de conditions d'existence plus ou moins aisées, d'éléments climatériques plus ou moins favorables, du maintien plus ou moins prolongé de telles ou telles espèces animales, etc..., le développement de la civilisation et de l'esthétique n'a certainement pas marché de façon concor-

---

(1) Depuis longtemps, le Dr Hamy a fait remarquer que les gravures de cavernes des Australiens et Bushmen actuels, etc., rappellent aussi celles des âges européens de la pierre. — V. sur ces gravures :

Sir George Grey's. *Journal of two expedition of Discovery in North-Western Australia*, 1837-39.

J. Mathews. *A Study of the Australian Aborigina*, Londres, 1899, ch. X.

R. H. Mathews. *Aboriginal Rock Picture of Australia.* Proceed. Roy. geogr. soc. of Queensland, vol. X, p. 46.

R. H. Mathews. *Rock paintings and carvings of the Australian aborigines*, in *Journal of the Antropologicale Institute*, vol. XXVII, 1898.

T'Worsnop's. *The Prehistoric Arts of the aborigines of Australia.* Brisbane 1895.

Jack (Robert L.). *Aboriginal Cave Drawings.* (Proc. roy. soc. Queensland, vol. XI, 2e part., décembre 1895 avec pl. (dessins tout modernes, vers 1870).

V. le résumé fait par M. G. Marcel dans la *Nature* du 7 mai 1881, p. 362.

Un rapprochement s'impose aussi avec la gravure *rupestre* des lacs des Merveilles, du Tiout, de Figuig, du Transvaal, etc., etc.

dante à Altamira, à Pair-non-Pair, à la Mouthe et à Font-de-Gaume.

Les unes ont certainement avancé sur les autres; et les termes paléolithique, néolithique, n'ont rien d'absolu d'un espace à l'autre, en un même temps donné.

On admet bien que des hommes, d'habitudes dites paléolithiques, vivaient au confluent de l'Eure et de la Seine, alors que l'invasion néolithique remplissait déjà le Midi de la France. De même Altamira pouvait être parvenu à la période, quasi moderne, du bison, alors que Les Combarelles, etc., s'attardaient encore dans celle du renne: ce qui implique *synchronisme de temps*, mais *anachronisme de culture!*

Incertitude des classifications. — Depuis longtemps, de serrés logiciens ont contesté, comme trop doctrinale, la classification chelléenne, moustérienne, solutréenne, magdalénienne, ou du moins se sont refusé à lui reconnaître d'autre valeur que celle d'une étroite localisation. On sait quelle difficulté a présenté l'intercalation du solutréen entre le moustérien et la Madeleine : uniquement parce qu'il s'agissait d'un groupement évolué sous un autre ciel, avec d'autres animaux. Pour avoir parallélisé des éléments nullement comparables, on a péniblement cheminé le long des précipices de l'arbitraire ; et plus d'un auteur est tombé au fond, suivant les errements accélérateurs de l'entraînante imagination !

Je me range nettement parmi ceux qui veulent restreindre à la seule région de la Vézère (et de la Beune) la succession d'âge évoquée par les mots moustérien et magdalénien, et qui se refusent à l'étendre à des contrées plus éloignées. Nous ne pouvons pas affirmer, mais il est probable que des silex de type moustérien se faisaient encore en Angleterre et en Belgique, par exemple, alors que le nord de l'Italie était déjà parvenu au bronze. Toute tentative de classification générale se révèle de plus en plus comme une utopie. La sagesse exige qu'on se borne à dire : dans les limites de tel groupe de cavernes, la superposition des débris retrouvés se présente de telle manière. Et j'aime assez la base choisie par M. Piette, et assise sur le nom de l'espèce animale prédominante (époques équidienne, tarandienne, élaphienne, etc. ; j'ai proposé ci-dessus d'ajouter bisonienne); ceci est véritablement rationnel, à condition de ne pas être transporté d'un bout à l'autre de l'Europe, ni même d'une de ses grandes subdivisions. Il nous reste trop à analyser pour synthétiser encore. Et il faut bien avouer qu'en présence des divergences extrêmes présentées par les classifications de Mortillet en Périgord, de Piette en Ariège, de Rutot en Belgique, etc., etc., le vrai savant, qui cherche avant tout la vérité, demande impérieusement qu'on écarte la part de fantaisie ou d'invention pure, encore trop dominante parmi les vaines généralisations de la préhistoire. Ce réel chaos des classifications en présence suffit à démontrer leur totale imperfection.

La jeunesse d'Altamira. — Et, pour Altamira, en particulier, je ne vois rien, jusqu'à présent, bien au contraire, qui autorise à admettre son rattachement à notre âge du renne *français.* Je dis nettement qu'on ne saurait nullement apparenter les trop frais bisons polychromes d'Altamira avec les antiques félins et le rhinocéros de Font-de-Gaume! Rien ne prouve jusqu'ici que la même race d'hommes ait fait les uns ou les autres.

Ces étonnantes manifestations artistiques, mieux conservées que des peintures étrusques, plus exactes, au point de vue naturaliste et esthétique, que les représentations animales des peintures égyptiennes de Karnak, n'ont peut-être seulement pas droit aux dix à vingt mille ans que leur donnent les évaluations les plus modérées !

Car nous voici parvenus à la question posée.

L'âge des peintures préhistoriques. — L'âge des peintures ? — Je prétends qu'elle est inutile en tant que chiffres. Rien ne permet de la résoudre. Voyez plutôt les écarts d'évaluation sous ce rapport pour nous en tenir au soi-disant Magdalénien tout seul. De Mortillet lui attribuait 33.000 ans; M. Rutot donne environ 13.000 ans au Tarandien (1) (5.000 pour sa durée et 7 à 8.000 avant Jésus-Christ pour sa date); M. Cartailhac voit dans les fresques d'Altamira les plus vieilles du monde avec 15 à 20.000 ans ; pour le Dr Capitan, c'est 12.000 ; et M. Boule admet que 5 ou 10.000 ans se sont écoulés, depuis le renne (C. R. Ac. Sc., 30 mai 1905), etc.

Nullité des chiffres. — Si le Congrès préhistorique désire que sa tâche soit utile et sa réunion prise au sérieux, il fera bien d'inviter tous auteurs à s'abstenir absolument de toute énonciation de nombres. Ainsi seulement s'affranchira-t-on du reproche de vague fantaisie.

A peine savons-nous l'âge de Mycènes et de Cnossos; malgré Homère et Schliemann, Troie (aux sept villes superposées) reste une énigme ; on ignore la date des dolmens, des nuraghe, des talayots et même de Stonehenge. — Quelle présomption n'y a-t-il donc pas à mettre des chiffres, si timides soient-ils, sous les bisons d'Altamira et les mammouths de Font-de-Gaume?

L'abstention totale, telle est, sur la question, la seule réponse scientifique, qui soit digne d'une réunion de vrais érudits!

L'authenticité des gravures. — On ne saurait trop insister sur ce fait que la récente trouvaille du *Rhinoceros tichorhinus* dessiné à

---

(1) Et le sépare des 13.000 ans du solutréen par les autres 13.000 ans du Goyétien (!!).

Font-de-Gaume, change un point réputé acquis : la non existence de cette espèce éteinte (faune éteinte, froide, humide), à l'époque du renne (faune émigrée ou froide, sèche). Les mélanges d'animaux éteints (Rhinoceros et Ursus) avec ceux pas même émigrés (Bison) deviennent tout à fait déroutants.

Que faut-il contester maintenant ? Ou bien les déductions tirées des différences d'âge des diverses faunes (1) ; ou bien la contemporanéité des dessins variés qui les représentent juxtaposés (et on s'accorde, à peu près et avec raison, à reconnaître les grandes différences d'âge de ces dessins, même dans une unique caverne, où comme à Altamira leurs superpositions multiples semblent témoigner, malgré l'uniformité de la faune, de longues périodes successives d'exécution) ; ou bien la conclusion qui vient ainsi de rendre inopinément contemporaines le *Rhinoceros tichorhinus*, le renne, le bison ; ou enfin (et ceci serait grave) l'authenticité elle-même (si longtemps contestée) des gravures et peintures dites paléolithiques : car il ne manque point encore de contradicteurs pour remarquer, disent-ils, la complaisance de ces figurations, qui s'offrent ainsi presque d'elles-mêmes aux chercheurs pour leur fournir à point nommé la réponse à des questions douteuses : des bêtes féroces, pour réfuter la théorie de l'attraction symbolique (v. ci-après) ; un bouquetin gravé sur une lampe, pour expliquer le mode d'éclairage ; le rhinocéros près du renne pour unifier l'âge des dessins, etc... Bref, pas mal de semblants d'arguments, pour reprendre la battue en brèche de *l'honnêteté* des fameuses gravures.

Je dis *semblant*, car, indécis longtemps moi-même (avant d'avoir *vu*) parmi les flottements de 1880 à 1902, je n'hésite plus aucunement à proclamer véridiques et antiques les manifestations que j'ai admirées, de mes yeux maintenant, à Font-de-Gaume et à Altamira. Si, par un de ces emballants mirages, — que les tribunaux seuls savent parfois faire évanouir en trouant à fond de trompeuses façades financières et mondaines, — on revient quelque jour à faire retomber les roches peintes et gravées des cavernes, au rang d'un immense attrape-nigaud, les victimes de la colossale mystification seront en bonne compagnie pour leur consolation réciproque: tout arrive, dit le proverbe. Et les volte-faces fréquentes des systèmes préhistoriques ont abouti, en somme, ne craignons pas de le dire, à un tel chaos d'incertitudes et de contradictions, que le scepticisme conserve le droit d'être vigilant. Bien dans l'ombre, il est vrai, et avec prudence, comme gardien de la critique saine, pas autre

(1) V. Boule. La Caverne de Montmaurin. *L'Anthropologie*, t. XIII, 1902, p. 305-319.

chose, — de cette critique qui, en l'état actuel des choses, *n'a plus le droit,* jusqu'à nouvel ordre, de contester, je le répète, la sincérité des manifestations artistiques qui nous occupent.

Réserves sur les graffiti. — Si un doute reste permis, pour Altamira du moins, je l'exprimerais à propos des *Graffiti,* c'est-à-dire des simples traits incisés, sans couleur, et particulièrement de ceux du petit couloir final ; j'ai été fort surpris de leur voir une proprete blanche, dans l'intérieur des traits, et une vivacité d'arête sur le bord de ceux-ci, telles que j'ai nettement exprimé à première vue à M. Alcalde que ces dessins-là étaient tout récents. Dans toute caverne du calcaire, même profonde et même sans humidité, le plus léger sillon (naturel ou artificiel) sur la roche se revêt à la longue d'un imperceptible enduit jaunâtre : c'est une poussière d'argile, produite par la simple altération atmosphérique et superficielle du calcaire (même je le répète, et peut-être surtout dans les plus sèches grottes). Il n'est pas d'inscription, tant soit peu vieille, qui ne se révèle, à l'attentive inspection, en cet état qui manque à beaucoup de graffiti d'Altamira. En réponse à cette objection, M. Alcade m'a affirmé que la *patine,* dont je lui signalais l'absence, aurait été enlevée par les estampages et décalques exécutés en 1902 ; en ce cas, je ne retiendrais mon doute que pour mémoire.

Mais je réclame la sérieuse révision de certains graffiti sur *l'argile sèche* revêtant les parois : il est trop miraculeux que, depuis les vieux âges allégués, ce placage ne soit pas tombé !

But des peintures. Religion et envoûtement. — Selon les vues de M. S. Reinach, basées sur des comparaisons ethnographiques avec certains sauvages actuels, M. le Dr Capitan croit au caractère religieux, ou tout au moins symbolique, de ces sortes de peintures. M. Piette n'y voit qu'une simple représentation des objets familiers et repousse la théorie de l'attraction superstitieuse, à l'égard de ces animaux *désirables,* parce que comestibles, dont le chasseur souhaitait la capture. Je ne croyais guère non plus à cette sorte *d'envoûtement ;* l'idée en reposait principalement sur l'absence de figuration d'animaux féroces, non représentés, disait-on, parce que redoutés, au lieu de recherchés. Certains dessins sur os ou galets rendaient déjà bien fragile cet argument ; et le voici tout à fait détruit, par la reconnaissance d'*Ursus,* de *Felis,* de *Rhinoceros tichorhinus,* de Font-de-Gaume et des Combarelles.

M. Piette lui-même doit renoncer au motif qu'il avait allégué de cette non représentation, à savoir que les félins n'étaient pas nombreux et trop difficiles à prendre.

C'est le malheureux sort de toutes les découvertes préhistoriques que, dès qu'une hypothèse en est tirée, il survient un nouveau fait, qui la détruit. Aussi importe-t-il, en cette matière plus qu'en aucune autre, de bien tenir en laisse *la folle du logis :* trop aisément accessible à tout le monde, trop à portée des plus irréfléchis amateurs (qui lui ont fait le plus grand tort), la Préhistoire ne prendra pas, dans les sciences exactes, le rang qu'elle mérite et auquel elle aspire avec raison, tant qu'elle n'aura pas mis un frein formel à des débordements d'hypothèses, qui non seulement la rendent suspecte aux juges pondérés et réfléchis, mais qui surtout lui font gâcher le temps en stériles, piétinantes, et acrimonieuses controverses !

Trophées de chasse. — Pour ordre donc, j'énonce la simple idée que m'inspirent d'un côté la superposition en *palimpseste* (selon l'heureuse expression de MM. Cartailhac et Breuil) des gravures et peintures sur cavernes, et d'un autre côté l'abondance d'animaux comestibles contre la rareté des fauves ; œuvres de tribus chasseresses, ces figurations ne seraient-elles pas tout uniment des *trophées de chasse ?* Pourquoi, de même que nous accrochons à nos lambris les bois de cerfs ou les têtes de chamois, les Préhistoriques n'auraient-ils pas, chaque fois qu'une bête remarquable ou rare devenait leur victime, reproduit son image sur les murs de l'habitation commune : au cours des ans certainement prolongés, les figures se seraient progressivement accumulées, se cachant, faute de place, dans leur succession et se perfectionnant aussi dans leur exécution matérielle. Mais moi-même je glisse sur la fatale pente de l'hypothèse, en ne l'énonçant que pour ordre !

Poursuivons nos *réflexions.*

On sait que deux objections principales se sont élevées contre l'authenticité des gravures peintes, etc..., dites paléolithiques :

1° La difficulté d'éclairage, pour les artistes qui les auraient exécutés.

2° La singularité du double fait, qui a laissé ces dessins ignorés jusqu'en 1879 (voire 1896), et qui, maintenant, en multiplie les trouvailles.

Eclairage employé pour faire les dessins. — 1° La première objection a été levée à point par la lampe en grès que M. Rivière a trouvée à la Mouthe.

D'ailleurs, le Dr Capitan admet que l'éclairage pouvait être obtenu, soit par des bois résineux (c'est peu probable à cause de la fumée intense), soit par des mèches trempant dans des godets (1) pleins de graisse. Ceci est plus vraisemblable, surtout avec l'ingénieuse hypothèse de M. Alcalde, qui suppose les *Primitifs* se pourvoyant de simples os à moelle, dans lesquels une fibre végétale quelconque immergée et allumée faisait office de mèche. Je ne con-

---

(1) Remarquons en passant que ceci suppose implicitement la connaissance de la poterie.

çois rien de plus naturel et de plus ingénieux à la fois. Au cours d'un repas préhistorique, une parcelle de moelle tombe sur le feu et l'avive en grésillant et en faisant flamber quelque brindille traînante ; l'idée surgit d'y tremper dans un creux de fémur non vidé, une brindille propice, et voilà le lampion inventé. M. Alcalde me pardonnera de dévoiler son heureuse idée, que je n'ai vue énoncée nulle part.

Pourquoi on les a si tardivement découverts. — 2° Quant à la deuxième objection, il suffit d'avoir vu une caverne à figurations artistiques pour en comprendre l'inanité ; n'importe qui, mis pour la première fois en leur présence, commence par n'y rien voir du tout. La confusion avec les traits et accidents naturels de la voûte ou des parois est telle qu'il faut une *vraie éducation de l'œil* pour distinguer, enfin, quelque chose !

Précieux concours de la photographie. — La photographie témoigne excellemment de cette difficulté à bien apercevoir les dessins, tant que l'œil n'y est pas accoutumé, tant qu'une véritable accommodation de la vue ne s'est pas réalisée. C'est pourquoi on a peu ou pas usé jusqu'à présent de la plaque sensible pour la reproduction *authentique* de ces objets ; on prétendait même que l'emploi en était impossible, faute de recul à cause du développement de la fumée. Il y a du vrai dans ces inconvénients. A Altamira, une moitié de mes essais n'est pas présentable, étant voilée par la fumée magnésique ; les quatre qui *montrent quelque chose* n'ont pas pu être bien *mis en plaque*, sous une voûte qui s'abaisse progressivement, de 2 mètres de hauteur à rien, dans l'impossibilité de mettre l'appareil sur pied et de vérifier le champ au viseur ou sur la plaque dépolie ; c'est absolument au jugé que j'ai dû, tant bien que mal, poser l'appareil par terre, objectif en l'air, et autant que le permettait l'inégalité du sol, sous la verticale du centre de l'image à reproduire (*V. Fig. 4 et 6*) ; pour l'ensemble du grand plafond fuyant vers le fond, c'est obliquement calée sur des pierres et toujours sans visée possible que la *machine* (comme on dit en Espagne) dut être placée au hasard de l'estimation. Ces vues obliques (*Fig.* 4 et 5) aux environs de 45° donnent aux bêtes représentées une lamentable déformation en hauteur et un allongement démesuré. Néanmoins, la *Fig.* 4 donne une bonne idée de l'ensemble du curieux plafond. Même sans loupe et avec un peu d'attention, on y distingue au moins cinq animaux, le plus net bien noir au milieu, près du bas.

J'y ai employé deux appareils différents ; l'un, d'angle ordinaire (*Fig.* 5 et 6), l'autre à grand angulaire (Jumelle universelle Belliéni (*Fig.* 4). Le grand angle s'impose, on le voit, pour ces distances quasi nulles.

La *Fig.* 6 eût été singulièrement réussie (un bison), si la défec-

Fig. 4. — Grand plafond d'Altamira pris avec un grand angulaire (jumelle universelle Belliéni. Les animaux, A à E, sont déformés par la position oblique de l'appareil).

Fig. 5. — Altamira. Grand plafond (avec un petit angulaire). — Bisons A et B déformés comme *Fig.* 4.

tueuse mise en plaque ne lui eût coupé la tête et si une fumée du magnésium n'eût obscurci le côté droit de la plaque, c'est-à-dire le poitrail de l'animal. Mais tout le surplus du corps, ventre, dos, pattes, croupe et queue, montre suffisamment bien l'esthétique habileté de l'auteur de cette peinture. Sur la croupe même se voit la patte d'un autre bison.

Avec plus de temps que je n'en avais à ma disposition, — avec un soufflet pour chasser la fumée du magnésium (1) à l'opposé du sujet, — et peut-être aussi avec des plaques préparées exprès pour mieux enregistrer les tonalités spéciales des peintures, il est certain qu'*on peut* photographiquement se documenter de très sérieuse manière dans les cavernes ornées ; sauf à compléter ce qui

Fig. 6. — Altamira ; Bison A et patte du B. (Vue normale, l'objectif regardant le zénith).

échappera à l'objectif par des croquis et pastels, qui, quelles que soient l'habileté et la conscience de leur auteur, n'auront jamais la force probante de la gélatine sensibilisée.

Car on remarquera, et c'est surtout ce qu'indiquent mes trois épreuves, qu'on n'y distingue, en somme, absolument que les plus superficielles des peintures du grand plafond, les polychromes les plus récents ; les dessins recouverts, que MM. Cartailhac et l'abbé Breuil ont déchiffrés et recopiés avec tant de peine et de soin, ne s'y aperçoivent pas de façon appréciable.

(1) Voir, sur la photog. dans les cavernes, mon opuscule : « La photographie au magnésium », Gauthier-Villars, 1903.

Le tout est d'ailleurs fort embrouillé par les craquelures naturelles de la voûte ; et la photographie enregistre celles-ci avec une telle fidélité, en pleins travers des dessins, qu'on s'inquiète forcément de savoir si certaines de ces zébrures et fêlures pierreuses ne risquent pas d'être prises, ni même n'ont pas été prises parfois, pour des incisions artificielles d'ordre graphique. Ceci, encore, est un point de confusion éventuelle, sur lequel la plus grande attention doit être attirée, et auquel la photographie apportera certainement le plus précieux concours. Je ne m'explique vraiment pas pourquoi les chercheurs de gravures préhistoriques n'ont pas fait jusqu'à présent plus fréquent appel à la photographie magnésienne, tout au moins comme adjuvant contrôle. Ses opérations sont compliquées certes, mais nullement impossibles ni vaines ! Il suffit de s'y faire la main et d'y recourir avec sagacité.

Difficultés dans l'interprétation des traits. — Ce que je viens de dire suffit à prouver combien l'interprétation des traits est une tâche singulièrement délicate. Les figures, soi-disant humaines, dansantes ou suppliantes, à phallus, bras levés et têtes bestiales sont contestées par M. Wilson (Zentral-Blatt für Anthropologie); peut-être serais-je de son opinion ; mais, je préfère me récuser sans commentaires. Par contre, M. Alcalde a attiré mon attention sur une silhouette, où je vois, comme lui, le profil d'une tête humaine au nez busqué avec 5 ou 6 poils de barbe (*Fig.* 3) et que jusqu'ici on a classée dans le type bison ! Le coefficient tout subjectif de l'appréciation individuelle devient ici un très gros péril !

Conclusions : Trois époques possibles de peintures et gravures. — Alors, dois-je conclure d'une manière quelconque ?

Oui, certes, car deux points acquis au moins se dégagent du parallélisme comparatif entre les 12 grottes à gravures et peintures maintenant connues. C'est : 1° la variété d'âge des animaux représentés, du *Rhinoceros tichorhinus* au Bison ; 2° la constatation formelle du progrès, du perfectionnement de procédé, qui aboutit aux vraies œuvres d'art des polychromes d'Altamira, mais par une série de transitions, dont la recherche n'est qu'ébauchée.

Ces transitions corroborent les empiètements des périodes diverses entre elles ; elles rendent encore plus illusoires les essais de classification ; et cependant elles sont conformes aux observations les plus sûres, à des conclusions maintenant hors de doute.

Selon M. Piette, en effet, l'âge glyptique termine le pléistocène et se partage entre les deux étages successifs de la sculpture et de la gravure sur os, ivoire ou pierre, comprenant les peintures des cavernes.

En Belgique, M. Rutot estime que la limite entre l'époque du

mammouth et celle du renne n'est pas tranchée et que le Magdalénien empiète sur les deux (1).

C'est là qu'est la vérité, dans l'insensible passage d'une époque à
l'autre; et, si nous adoptons ce principe, nous pouvons exprimer au
moins l'enchaînement vraisemblable des choses.

L'époque asylienne ou élaphienne de M. Piette, consécutive au
pléistocène et à l'âge glyptique, et bouchant le trou de l'hiatus, lui
a donné les galets coloriés et pourvus de signes, qu'il compare à
ceux des monuments mégalithiques et des alphabets phéniciens et
grecs archaïques (2).

Or, des signes et ornements indéterminés abondent dans les plus
superficielles peintures d'Altamira; et alors il résulte bien que celles-
ci, tout au moins, doivent être rapprochées, en évolution intellec-
tuelle, sinon en âge précis, plutôt de l'asylien transitionnel que du
tarandien paléolithique.

Et, alors, nous arrivons à une simple formule, qui proposera trois
séries insensiblement fondues l'une dans l'autre pour les dessins,
gravures, et peintures préhistoriques :

1° Les plus anciens à faune éteinte froide (*Rhinoceros tichorhinus*, fauves, mammouth).

2° Les moyens à faune froide sèche (renne).

3° Les plus récents à faune tempérée (bison).

Et nous voici rentrés dans la classification zoologique, climato-
logique, paléontologique, base singulièrement plus stable et mieux
connue que les données ethnographiques ou archéologiques.

Par un autre procédé d'analyse, très judicieux et très sagace,
M. l'abbé Breuil est arrivé en somme à cette opinion d'ensemble, pro-
fessée également par le Dr Capitan, que les gravures simples et
naïves *creusées* au silex (vrais *graffitis*) ont précédé les vrais *dessins*
aux traits plus fins et plus corrects, et que les *fresques* artistiques seraient venues en dernier lieu. Si cette indication est défi-
nitive, on ne saurait le proclamer encore ; mais la comparaison des
termes fournis par la méthode de la technique esthétique, avec les
autres termes, limités au nombre de trois, que donne l'autre
méthode climato-géologique, peut conduire à des résultats féconds.
Si par exemple on parvenait à établir formellement que les
rhinocéros, félins et mammouths (anciens) à la Mouthe, Font-de-
Gaume, Combarelles, sont *gravés surtout* ; que le bison *gravé* et
incorrect (corps de profil et cornes de face) de la Grèze est d'une
espèce pléistocène, différente de celle d'Altamira, que les figures de

<hr>

(1) *Bull. Soc. belge de Géologie*, T. XIV, 1900, p. 319.
(2) *Anthropologie*, T. XV, nov., déc., 1903.

renne, sont plutôt dessinées et coloriées que gravées ; et qu'enfin les *polychromes* (fresques) ne représentent en réalité que la faune tempérée et la fin de la faune froide sèche, — on aurait fait, par l'alliance des deux modes, esthétique et géologique, d'investigation, un pas immense vers la vérité. Mais immense aussi est la difficulté de savoir à laquelle de chacune de ces trois subdivisions (mammouthienne, tarandienne, bisonienne) il convient d'attribuer telle grotte à gravure ou telle couche de ses peintures; c'est aux préhistoriens de le rechercher avec grand soin et mûre réflexion. La besogne est singulièrement ardue et exige un bien habile discernement.

Pour le moment, je leur demande de ne pas présenter les grands polychromes d'Altamira comme étant de *la même période paléolithique que les graffiti de la Grèze, Pair-non-Pair*, etc.

Les figures ne donnent pas la date. — J'espère leur avoir montré l'impossibilité de cette assimilation, et la nécessité d'une classification chronologique des manifestations artistiques, qui pourraient bien s'être développées et superposées sur une étendue de temps plus considérable encore qu'on ne l'a entrevu jusqu'ici, c'est-à-dire peut-être depuis l'âge du mammouth (fin du soi-disant Moustérien) jusqu'au début tout au moins du néolithique.

Il est d'autant plus nécessaire de ne se livrer à aucune conclusion prématurée que, lors de ma visite à Altamira, mon aimable guide, M. Alcalde, m'a dit avoir récemment découvert, aux environs, quatre autres grottes à gravures et peintures ; ces dessins présenteraient, paraît-il, des différences avec ceux d'Altamira ; et M. Alcalde prépare en ce moment un travail d'ensemble sur toutes ces cavernes des environs de Santillana et Torrelavaga, travail qui procurera certainement de nouveaux éléments d'étude.

Mon dernier mot, c'est que la question, quant à présent, doit se résigner à *marquer le pas* entre les trois opinions suivantes : 1° les polychromes d'Altamira remontent bien à l'âge du renne; 2° ou ils ne datent que d'une époque bisonienne néolithique: 3° ou, enfin (et le milieu est peut-être la vérité), ils se placent à un âge élaphien, asylien, campignien (ou tout autre nom), comblant le fameux hiatus, de défunte et disputée mémoire !

L'oxydation des squelettes préhistoriques.

Parmi les nombreuses étrangetés des découvertes préhistoriques, l'une des plus singulières est assurément la rencontre, pas très fréquente d'ailleurs, de squelettes, même paléolithiques, fortement teintés en rouge.

Elle a eu lieu notamment à la grotte de Paviland (Angleterre), à Menton (É. Rivière, 1875), au Mas-d'Azil (E. Piette, 1891), à la grotte Saint-Joseph de Saint-Moré (Yonne; abbé Poulaine, Congrès des Sociétés savantes de 1904); etc., etc.

On a tiré de ces faits la théorie de la *décarnisation* des morts (1) et de la peinture de leurs ossements au moyen de l'ocre rouge ou de la poussière de fer oligiste.

Or, rien n'est moins assuré que la réalité de cette hypothèse ; et il convient d'examiner avec soin si elle ne doit pas rentrer dans l'imaginatif domaine de la fantaisie irréfléchie.

En avril 1903, au Congrès international des sciences historiques de Rome (t. V, Archéologie, p. 673), le professeur Giulano Kulakovski a fait sur ce sujet une communication si importante, qu'il y a lieu de la résumer ici, pour provoquer un nouvel et sérieux examen de toute la question.

L'auteur expose que les trouvailles de squelettes peints en rouge, rares dans l'Europe occidentale, sont très fréquentes en Russie :

(1) M. Émile Rivière m'a fait connaître qu'il partageait absolument ma manière de voir, quant à la *décarnisation* des morts, qu'il a toujours combattue vivement et dès le premier jour, en ce qui concerne les squelettes humains des grottes de Menton.

Par contre, il ne lui est pas possible d'admettre ma théorie, m'a-t-il dit, relativement à la coloration des ossements humains des grottes de Menton. Ici, cette coloration est, d'après lui, *exclusivement artificielle;* elle est *uniquement* due à l'oxydation du fer oligiste, dont la présence de nombreuses parcelles a été constatée par lui et par divers savants sur lesdits ossements, fer oligiste, enfin, dont une petite provision a été trouvée par M. Rivière près de la bouche du premier squelette humain de Menton, découvert par lui le 26 mars 1872 (Voir l'ANTIQUITÉ DE L'HOMME DANS LES ALPES-MARITIMES).

quantité de *Kourganes* (tumulus) des gouvernements de Kiew et Poltava, de la Crimée méridionnale, du bord oriental de la mer d'Azof, etc., renferment à leur sommet des sépultures dites scytho-sarmates et aussi de plus récentes, datant des turcs nomades ; plus bas, et bien au-dessous de la terre végétale, ils fournissent des tombes remplies de squelettes *colorés*, et souvent accompagnés d'objets de la fin de l'âge de pierre. La matière colorante est bien de l'ocre et affecte tantôt le squelette entier, tantôt sa partie supérieure seulement. En Russie, on a admis aussi la théorie de la décarnisation et fortement discuté le procédé employé pour la coloration. Or, en 1900, M. Jakimovitsch, professeur d'histologie, a examiné au microscope une série de ces ossements soi-disant peints et il a formulé ses conclusions dans un travail publié à Kiew (en russe). Il est d'avis que la coloration doit être simplement l'œuvre de *l'infiltration des eaux superficielles ;* celles-ci, entraînant peu à peu les particules terreuses les plus légères, généralement incolores, n'ont laissé subsister en place que les parcelles riches en azotate de fer, colorées par conséquent, et plus lourdes. Postérieurement, les infiltrations prolongées, ne trouvant plus à traverser que de la terre ocreuse, y auraient pris la teinture pour la précipiter sur les débris humains. Ainsi, les ossements décharnés n'auraient pas été le moins du monde recouverts ni enduits artificiellement d'une poudre ou d'un produit véritablement rouge; et les squelettes n'auraient acquis que tout naturellement, et postérieurement à la disparition des chairs, la rubéfaction dont il s'agit.

Cette manière de voir des deux savants russes me paraît, je l'avoue franchement, singulièrement plus rationnelle que la romantique décarnisation des Préhistoriens. Géologiquement et hydrologiquement, elle s'explique à merveille par ce phénomène de *décalcification*, qui, sous l'action chimique (et sans doute aussi grâce à certaines influences colloïdales) des eaux infiltrées chargées d'acide carbonique (soit dans l'atmosphère, soit dans la traversée de la terre végétale), dissout et emporte d'abord le carbonate de chaux du sous-sol, et ne laisse subsister que le résidu argileux d'un silicate d'alumine, toujours plus ou moins riche d'oxyde de fer.

Ainsi se forment la *Terra rossa* du Karst et la terre rouge des cavernes, comme on le reconnaît maintenant partout : l'une et l'autre ont dû tout simplement *déteindre* sur les cadavres enfouis dans leur sous-sol, après la décomposition des chairs, quand la proportion de fer était particulièrement forte (comme par exemple au plan de Canjuers (Var), au fond de l'abîme de la Crouzate (Lot) dont l'argile de résidu est écarlate, etc.). Argile rouge et coloration de squelettes préhistoriques, ce n'est donc que la *rouille* des siècles.

Le roman de la *décarnisation* est une erreur, de même ordre que celle qui, pendant si longtemps, attribua une origine éruptive à la *Terra rossa.*

Et il me paraît bien que les Kourganes de la Russie méridionale ont donné la vraie clef d'une énigme archéologique, où les nouvelles notions de l'hydrologie souterraine doivent mettre en bride la trop vive imagination des antiquaires.

Je demande la révision formelle, conformément à ces données, de tous les exemples allégués comme types de soi-disant décarnisation et coloration artificielle.

Les dolmens taillés du Caucase occidental.

De nombreux archéologues (Taitbout de Marigny, Dubois de Montpéreux, Fergusson, Petit-Radel, de Bonstetten, Chantre, de Baye, le comte de Zichy, etc.), ont cité les dolmens, dont l'existence est depuis longtemps connue au Caucase occidental. Mais il n'apparaît pas que ces monuments aient été jamais étudiés, car j'ai vainement cherché mention des particularités tout à fait anormales que je vais relater ici. Elles sont si singulières que j'ai tenu à multiplier les recherches avant d'en parler ; mais, n'ayant absolument rien trouvé, je ne veux pas laisser mes remarques inédites plus longtemps, et je saisis l'occasion du Congrès pour soumettre aux spécialistes les points d'interrogation que soulèvent ces dolmens et auxquels je ne me hasarderai point à répondre.

C'est donc une véritable consultation que je demande.

La caractéristique de ces dolmens est qu'ils sont *taillés*, c'est-à-dire faits de pierres équarries, aux arêtes artificiellement régularisées, au lieu d'être composés de blocs bruts comme nos classiques dolmens d'Occident, des Cévennes, de Bretagne, d'Irlande, etc. L'un d'eux, même, est, dans une certaine mesure, *sculpté*.

Existe-t-il ailleurs de ces monuments taillés, telle est la première question que je pose ?

C'est en compagnie de son Exc. A. S. Yermoloff, alors Ministre de l'Agriculture de Russie (et membre correspondant de l'Académie des Sciences de Paris) que, au cours d'une mission hydrologique et géographique dont il avait bien voulu me charger sur le littoral caucasien de la Mer Noire, je me suis trouvé, en août et octobre 1903, en présence de ces suprenantes constructions.

Un premier groupe est à Pchada, entre Novorossiisk et Touapsé, et comprend plusieurs dolmens, dont j'ai vu les deux plus intacts; leurs cinq blocs de grès assemblés (tertiaire, abondant dans la contrée, sont taillés avec un art et un soin qui, si je ne me trompe, n'ont pas encore été rencontrés dans les dolmens). Non seulement les faces et les côtés sont bien aplanis, les arêtes linéairement régularisées, mais les supports latéraux sont chanfreinés à leur partie supérieure, de manière que leur face externe offre un profil courbe, qui vise intentionnellement et atteint heureusement à une véritable élégance. Les dalles antérieures et postérieures de fermeture, ainsi que celle de couverture (la table), sont juxtaposées entre elles avec une merveilleuse précision. Les joints sont si nets qu'entre les blocs (tous monolithes) nul interstice ne subsiste. La taille accomplie a abouti à un appareillage parfaitement ajusté.

Ceci, je le répète, a-t-il été constaté ailleurs (1)?

La dalle de fermeture antérieure est percée d'un trou pour l'introduction des corps, d'environ 0^m40 de diamètre. Jai tout juste pu y pénétrer ; la chambre était complètement vide et à peu près de 2 mètres de longueur sur 1^m70 de largeur ; les dimensions extérieures sont d'environ 0^m80 de plus, l'épaisseur des pierres atteignant 0^m40 ; la hauteur totale varie de 1^m10 à 1^m60 ; la table supérieure a 4^m50 sur 2^m70. — Ce dolmen est très en vue *sur une éminence*.

Un autre dolmen voisin est, au contraire, dans un bas-fond, dans un fourré de ronces et d'arbres. Il est taillé avec le même soin, absolument identique au premier, et pourvu aussi d'un *trou de corps* par devant ; mais la pierre de fond manque. La table supérieure est un peu plus large.

Le temps m'a fait défaut pour des mensurations au centimètres près.

Les orientations ne sont pas similaires (nord-sud pour le premier ; et ouest-nord-ouest à est-sud-est pour le second). Le grès jaune est, par place, rougi comme par une calcination (Feux de cérémonies funèbres ?).

De nombreux autres dolmens sont éparpillés à d'assez grandes distances autour de Pchada, entre le rivage de la Mer Noire et la crête du Caucase occidental, qui arrive ici à peine à 1.500 mètres d'altitude. Il faudrait des semaines pour les voir tous ; ils sont moins bien conservés et tous vidés ; aussi m'a-t-on affirmé que, dans l'un d'eux, on aurait trouvé encore, il y a quelques années, une épée de fer, fait déjà allégué par le comte de Zichy.

(1) Le comte de Zichy, dans son bel ouvrage « Voyages au Caucase et en Asie centrale (Buda-Pest, 2 vol. in-4°, 1897) », a donné (t. II, p. 332) l'image d'un dolmen des environs de Kouban, tout pareil à ceux de Pchada : mais il n'a pas noté la particularité de leur taille, et la description de 53 lignes qu'il consacre aux dolmens du Caucase conclut que ces monuments remontent à la même époque que ceux de mêmes formes et dimensions trouvés en Asie, en Afrrique et en Europe. — Or, la question que je pose est justement de savoir si l'on connaît, quant à présent, quelque autre dolmen, travaillé au même degré que ceux de la Circassie?

Près de Touapsé même, à 4 kilomètres à l'est, et à 125 mètres au-dessus de la route du col de Maïkop, un autre dolmen est encore beaucoup plus extraordinaire (*Fig.* 1 et 2).

Fig. 1. — Dolmen sarcophage bilithe de Touapsé en Circassie (Face antérieure).

Ni dans un fond, ni sur un sommet, mais à flanc de coteau en plein bois, il est *creusé artificiellement* dans un bloc de grès *abso-*

lument en place; l'aspect topographique et géologique du site présente une analogie frappante avec les paysages de Fontaine-bleau; sans photographies (*Fig.* 1 et 2) il serait impossible d'ex-pliquer toutes les bizarreries du monument.

Par suite de la déclivité du sol, le bloc est beaucoup plus saillant d'un côté, celui de la face antérieure, haute de 5 à 6 mètres, que de l'autre (1 à 2 mètres), où se voit, à la face postérieure, le trou d'entrée de la chambre funéraire.

A l'extérieur, la partie supérieure du bloc naturel a seule été taillée, du moins sur trois côtés, dont la hauteur est donc bien plus faible que celle du devant. Mais *tout l'intérieur du bloc* a été excavé à même le grès, pour former le caveau rectangulaire (que j'ai trouvé vide bien entendu); et, par dessus la cuve admirablement régulière, ainsi constituée, on a rapporté une dalle de fermeture, ou table qui repose sur le chaperon des quatre côtés du caveau avec la même pré-cision de taille et d'appareillage qu'à Pchada. Cette dalle supérieure elle-même avait des surfaces, des côtés, des arêtes artistement aplanis, adoucis, arrondis même; mais les intempéries en ont assez gravement endommagé les rebords. L'aspect n'en reste pas moins saisissant, car ce dolmen de Touapsé est bel et bien un sarcophage bilithe, en partie naturel, en partie travaillé, et formé seulement de deux pierres : l'une en place, taillée en creux, et l'autre disposée en couvercle.

Existe-il (et où cela)? un autre exemple de cette forme de dolmen ? Je n'eusse pas osé la décrire si, mieux qu'à Pchada, l'objectif ne m'avait donné d'irréfutables témoignages d'authenticité (1).

On voudra bien regarder les épreuves ci-jointes (*Fig.* 1 et 2), pour se convaincre de l'exactitude de ce que j'avance.

Ce n'est pas tout : la face antérieure du dolmen, constituée par le côté le plus élevé du bloc naturel, est, sur les trois cinquièmes de sa hauteur, plus que taillée, c'est-à-dire véritablement sculptée et de la façon que voici (*Fig.* 1).

Sur toute la largeur du bloc, un cadre a été évidé à même la pierre, avec 2^{m}50 de hauteur, 1^{m}75 de largeur et 0^{m}30 de profon-deur. La tablette inférieure de ce cadre n'est pas horizontale, mais inclinée vers le dehors; les montants portent à leur angle externe une petite feuillure très dégradée mais restée visible; et, au sommet comme à l'extérieur, ils sont élégamment chanfreinés vers leur jonction avec la table, qui forme, en forte saillie, le côté supé-

---

(1) G. de Mortillet cite, dans *le Préhistorique* (2e édit., 1885, p. 600), d'après MM. Verneau et Cazalis de Fondouce des caveaux de Maine-et-Loire et des Bouches-du-Rhône, creusés dans la craie et le grès, et recouverts de tables de pierre; mais il n'apparait pas que ces caveaux soient en saillie architecturale comme le monument de Touapsé.

rieur du cadre (cette saillie faisant corniche est réduite par la chute d'un angle de la dalle rapportée, angle dont les débris se voient par terre devant le dolmen).

Fig. 2. — Dolmen sarcophage bilithe de Touapsé en Circassie (Face postérieure).

Ce n'est pas tout encore. A l'intérieur du cadre, et un peu plus bas que son milieu, un disque de pierre fait saillie, et ce disque lui-même est légèrement concave (*Fig.* 1).

Connait-on quelque chose de pareil?

A Touapsé, l'on m'a affirmé que beaucoup d'autres dolmens, taillés aussi, mais mal conservés, existaient encore à des 40 à 80 kilomètres dans la montagne, et que l'un même était creusé dans la pierre, comme celui que je viens de décrire, mais beaucoup plus petit. Les spécialistes en dolmens auraient certes un beau sujet d'études dans l'enquête qui mériterait d'être faite ici et dont je montre les premiers éléments; mais la difficulté du pays et des communications ferait de cette recherche une véritable et longue expédition.

Je pense que les deux exemples que je viens de décrire suffisent à en montrer l'intérêt et à ouvrir le champ des hypothèses.

Il en est une que je risque, *sans garantie*, purement et simplement telle qu'elle m'est venue à l'esprit, sur place et dès le premier examen : c'est que le dolmen-sarcophage de Touapsé pourrait bien marquer un passage, une transition, entre l'antique tombe dolménique (déjà parvenue au progrès de la taille esthétique) et le sarcophage des Grecs. Aux confins de la Scythie et de la Colchide, ce pays des anciens Tcherkesses, jadis si peuplé, aujourd'hui quasi désert et que la Russie rêve de transformer en côte d'Azur, a dû voir des contacts spéciaux entre les peuplades proto-historiques dont nous ignorons même le nom, et les Hellènes civilisés des colonies de Tauride (Olbia, Chersonèse, Panticapée); pourquoi les tribus à dolmens taillés n'auraient-elles point puisé, dans la vue de sarcophages grecs, aux rives du Bosphore cimmérien, l'idée du monument de Touapsé, pour lequel je ne vois pas de meilleure définition que celle de *dolmen-sarcophage bilithe*? Je n'ai aucun motif personnel pour défendre cette théorie, d'autant qu'elle n'a pas séduit M. S. Reinach, auquel je n'ai pas manqué de soumettre l'embarrassant cas qui nous occupe. Le savant directeur du Musée de Saint-Germain s'est borné à y voir la preuve qu'au Caucase occidental des dolmens avaient pu être construits et travaillés par des hommes connaissant les métaux (assurément des outils de pierre n'eussent pas suffi à tailler ainsi de pareils blocs); selon M. Reinach, ceci ne serait pas surprenant dans cette orientale région, voisine de celle où l'usage des métaux passe pour avoir été inventé (Mésopotamie, Assyrie, Colchide).

Il me semble seulement que, *travaillés* au lieu d'être *bruts*, les dolmens de Pchada et surtout celui de Touapsé creusés en vrai sarcophage à *même la pierre*, ont bien quelque chose d'intermédiaire, et de façon tout à fait flagrante, entre les mystérieux hommes des dolmens, tels que les connaît (si insuffisamment d'ailleurs) notre érudition moderne, et les artistes helléniques, qui ont poussé jusqu'en vue du Caucase les raffinements de leur culture.

Restent, pour Touapsé, le cadre et le disque. Ce dernier est-il un symbole, un soleil, un emblème divin? Ou simplement un tenon où s'encastrait la mortaise de quelque tableau, de quelque stèle, peut-être plus sculptée encore, avec signes ou même inscriptions(1)? *Je n'en sais rien.* Je vous laisse le champ libre, messieurs les antiquaires ; et je me borne à vous soumettre les constatations, enregistrées par la plaque sensible, d'un *fait unique* (sauf erreur ou omission) ; ce fait unique dont certains d'entre vous ont tant la défiance, ou l'appréhension. Les lignes qui précèdent ne doivent être prises que comme la légende préliminaire dudit fait, rencontré au hasard d'autres recherches, par un observateur curieux et consciencieux, mais non spécialiste, qui, avant tout, veut montrer ce qu'il a vu, et qui pose le problème, surtout parce qu'il ne saurait le résoudre.

(1) Des tenons analogues, mais *coniques*, existent dans les pierres verticales des trilithes de *Stonehenge* ; ils entrent dans les mortaises des architraves des pierres horizontales des trilithes. En allant à Stonehenge en mai 190', quelques mois après Touapsé, je n'ai pu me défendre d'un rapprochement entre les deux monuments ; d'autant que Stonehenge est taillé aussi et, peut-être (on n'est pas d'accord), avec des métaux. Mais Stonehenge n'est pas un dolmen, et l'appareillage est moins précis et soigné qu'aux dolmens de Pchada et Touapsé. Il y aurait à comparer encore avec les Taulas ou monuments en T de Minorque, taillés aussi... Mais je m'arrête ! La pente est trop glissante et la controverse trop béante !!

Le Mans. — Imprimerie Monnoyer. — 1906.